Baao ni mwamwananga i aon Kiribati

Te korokaraki iroun Teewata Aromata
Te korotaamnei iroun Giward Musa

Library For All Ltd.

Te Library for All bon te rabwata ae aki karekemwane mai Aotiteeria ao e boboto ana mwakuri i aon kataabangakan te ataibwai bwa e na kona n reke irouia aomata ni kabane. Noora libraryforall.org

Baao ni mwamwananga i aon Kiribati

E moan boreetiaki 2022
E moan boreetiaki te katootoo aio n 2022

E boreetiaki iroun Library For All Ltd
Meeri: info@libraryforall.org
URL: libraryforall.org

Te korotaamnei iroun Giward Musa

Atuun te boki Baao ni mwamwananga i aon Kiribati
Aran te tia korokaraki Aromata, Teewata
ISBN: 978-1-922895-66-0
SKU02294

Baao ni mwamwananga i aon Kiribati

Aio au bwaatika.

Aio au rebwerebwe.

Aio au kaa.

Aio au bwati.

Aio au turaki.

Aio waau.

Aio au booti.

Aio au kaibuke.

Aio au waanikiba.

E rangi ni kaunga
te toka ni baao ni
mwamwananga
i Kiribati.

Ko kona ni kaboonganai titiraki aikai ni maroorooakina te boki aio ma am utuu, raoraom ao taan reirei.

Teraa ae ko reiakinna man te boki aio?

Kabwarabwaraa te boki aio.
E kaakamanga? E kakamaaku?
E kaunga? E kakaongoraa?

Teraa am namakin i mwiin warekan te boki aio?

Teraa maamaten nanom man te boki aei?

Karina ara burokuraem ni wareware
getlibraryforall.org

Rongorongoia taan ibuobuoki

E mmwammwakuri te Library For All ma taan korokaraki ao taan korotaamnei man aaba aika kakaokoro ibukin kamwaitan karaki aika raraoi ibukiia ataei.

Noora libraryforall.org ibukin rongorongo aika boou i aon ara kataneiai, kainibaaire ibukin karinan karaki ao rongorongo riki tabeua.

Ko kukurei n te boki aei?

Iai ara karaki aika a tia ni baarongaaki aika a kona n rineaki.

Ti mwakuri n ikarekebai ma taan korokaraki, taan kareirei, taan rabakau n te katei, te tautaeka ao ai rabwata aika aki irekereke ma te tautaeka n uarokoa kakukurein te wareware nakoia ataei n taabo ni kabane.

Ko ataia?

E rikirake ara ibuobuoki n te aonnaaba n itera aikai man irakin ana kouru te United Nations ibukin te Sustainable Development.

library for all.org

www.ingramcontent.com/pod-product-compliance
Lightning Source LLC
Chambersburg PA
CBHW040318050426

42452CB00018B/2899